AF349778

BULLETIN OFFICIEL

DU

Grand Orient
d'Egypte

Suprème Conseil pour l'Egypte
et ses dépendances

1904

PAPETERIE ET IMPRIMERIE ROYALE,
LE CAIRE

A∴L∴ G∴ D∴ G∴ A∴ D∴ U∴

Séance du 31 Mai, 1903.

Réunion au Local Maçonnique dépendant du Grand Orient de France.

Conformément à la Circulaire du 26 Mai 1903, les FFF∴ GGG∴ DDD... et Membres élus et décretés faisant la composition de l'ordre et du Conseil du Gr∴ M∴ ont été convoqués à la tenue de ce jour et pour 9 h. du soir.

Ordre du Jour.

Installation du G∴ M∴ le T∴ Ill∴ et T∴ P∴ F∴ Idris Bey Ragheb et proposition ensuite des ff∴ devant faire partie du Gr∴ Collège des Rites (Conseil du Gr∴ M∴)

Les ff∴ réunis étant en nombre suffisant pour ouvrir les travaux et vu l'heure fixée.

Les ff∴ Membres du Gr∴ Or∴ sont introduits dans le Temple sous la voute céleste 31° 11ᵐ Lattitude Nord, 25° 35ᵐ Longitude Est de son Zenith.

Après s'être assurés que les frères sont à couvert et maç∴ réguliers les travaux sont ouverts conformément au Rite après avoir consulté l'Art. 54 des Statuts par le Tr∴ Ill∴ Puis∴ F∴ Joseph Sakakini 96∴, ex Gr∴ Chancellier et Gr∴ M∴ Hon∴ ad Vitam dans le Sanct du Rite et le 1ᵉʳ Gr∴ Dignitaire après le Gr∴ Heroph∴

4

1. Surv.·.   ... ... D. Halifi

2. Surv.·.   ... ... C. Eminente

Gr.·. Orat.·. ... ... Michel Cheloub

Gr.·. Secr.·. ... ... Gabriel Cheloub

1. Expert   ... ... Filippo *Grasso*

2.   ″   ... ... David Amar

M.·. de Cérémonies ... Leon Arthur Stone

Aumonier ... ... Amin Imam

Couvreur Interne ... Bourbon

Lecture est faite du Procès Verbal de la tenne du 17 Mai 1903 lequel est approuvé à l'unanimité, et signé en séance.

Le Président informe les ff.·. présents que par suite de certaines observations réligieuses qu'il faut respecter plusieurs Membres n'ont pu être présents, mais que l'Assemblée Générale des séances du 6 et 17 Mai 1903 concernant les élections ayant été régulièrement faites la séance d'Installation n'est par le fait qu'une cérémonie de forme et afin que ce que décidé et approuvé dans l'Assemblée Générale soit à la connaissance du Monde Maçonnique et la consignation du Maillet pour la direction des travaux.

Que le T.·. Puis.·. Tr.·. Ill.·. Grand Maitre sortant qui a présidé le 6 Mai l'Assemblée pour les élections de la Grande Maitrise en faveur du Tr.·. Ill.·. T.·. P.·. F.·. Idris Bey Ragheb n'ayant pas assisté à la séance en cours des travaux actuels de cette tenue, avant d'ouvrir les travaux une délégation accompagnant le Très Ill.·. T.·. C.·. F.·. Narciso Dalli 96 a été envoyée auprès du T.·. Ill.·. P.·. F.·. Oddi, ex Gr.·. Hier.·. pour venir à diriger les travaux et assister à la lecture du décret du 15 Février 1903 par lequel il a abdiqué le Grand Hierophantat en faveur du Tr.·. Ill.·. et T .·.C·.. F.·. Idris Bey Ragheb.

La délégation de retour ayant informé que le f∴ Oddi ex Hier∴ est absent et se trouve a Ramleh, par conséquent conformément à l'art. 54, les travaux ont été onverts sous la présidence du Tr∴Ill∴ Tr∴ Puissant F∴ J. Sakakini, Gr∴ Dignitaire et Doyen d'age des Membres présents.

Le f∴ Secrétaire donne lecture de deux pl∴; la première est une planche du Tr∴ Ill∴ et Tr∴ P∴f∴ Lemaire Ven∴ de la R∴ L∴ Les Pyramides et Grand Officier d'honneur du Grand Orient de France, par laquelle il exprime ses regrets d'avoir reçu tardivement la lettre de convocation l'invitant ainsi que les ff∴ de la R∴ L∴ Les Pyramides ce qui ne lui a pas permis à temps de passer les instructions aux frères de sa Loge.

Le T∴ C∴ P∴ F∴ Lemaire Bey, tout en regrettant de ne pouvoir venir personnellement tant en son nom qu'au nom de la R∴ L∴ Les Pyramides envoi par la même planche les félicitations les plus fraternelles au Grand Maitre et à tous les ff∴ du G∴ O∴ Nat∴ d'Egypte.

L'autre planche f∴ est du T∴ Ill∴T∴C∴F∴ Peter Rudolph, 96, qui est alité et ne peut assister, mais il envoi ses salutations frat∴ et félicitations au Gr∴M∴ et à tous els ff∴.

Le Président informe que le T∴ I∴ T∴ C∴ F∴ Jaques Moïse Aghion l'a chargé de l'excuser cause d'indisposition et qu'il est de cœur et de sentiments avec tous les ff∴ du Gr∴O∴

La séance de l'installation ayant été fixée pour ce jour date et heure par ordre du Grand Maitre c'est pour cela qu'elle n'a pas pu être remise.

Le F∴ Filippo Grasso Membre du Gr∴Or∴ demande la parole qui lui ést accordée. Il dit être chargé de la part du T∴Ill∴T∴C∴ et Puiss∴F∴ Benjamin Arbib, 1er G∴M∴ adjoint de déclarer qu'il proteste de ce que l'installation se fait ce soir au lieu de Lundi, comme convenu avec le T∴Ill∴F∴ Sakakini et c'est pour cela qu'il ne peut assister ayant eu des engagements irrévocables.

Le Prèsident déclare répondre à cette observation non en qualité de président de la tenue mais bien en bon frère et dit : qu'il regrette ce malentendu du f∴ Ardib à qui en effet il a fait une visite privée et non de service. Ayant dit au f∴ Arbib que la séance était fixée pour le 31 Mai à 9 h. du soir et que le temple ètait engagé depuis le 23 Mai pour cette date et il produit à cet effet une dépêche du T∴Ill∴F∴ Bourbon qui est présent et confirme cet exposé.

Le f∴ Arbib l'informe que pour le Dimanche, fête de la Pentecôte, il devait inaugurer par une cèrémonie réligieuse un temple à lui à Ramleh et de voir si possible d'obtenir le renvoi car il n'aurait pas pu assister. Sur ce le f∴ Sakakini lui a répondu qu'il fera cette démarche auprès du Gr∴ M∴ et de voir si possible fixer un renvoi pour Lundi; qu'à son retour au Caire il en refererait au Gr∴ M∴ que ayant en effet informé le Gr∴ M∴ il à été décidé de ne point revenir sur une décision déja prise et que tout en respectant les engagements pris déja le f∴ Arbib vis-à-vis les tiers il a été aussi d'autre part obligé de respecter les ordres du Gr∴ M∴

Le f∴ Sakakini a écrit au f∴ Arbib et lui a confirmé par dépêche qu'il était dans intérêt de l'ordre que l'installation se fasse le Dimanche d'autant plus que Gr∴M∴ partait et que avant son départ le service devait être organisé pour l'intérêt généràl.

Le f∴ Sakakini produit son copie de lettres et la copie des dépèches à ce sujet. En sa qualité de f∴ ayant répondu u T∴ C∴ F∴ Filippo Grasso au sujet de son mandat.

Le f∴ Sakakini, en sa qualité de Président charge le f∴ ·rasso de remercier le f∴ Arbib de cette protestation qui émontre les bons sentiments qu'il a envers le T∴ Ill∴ et 'r∴ C∴ et T∴ P∴ Grand M∴ Idris Bey Ragheb et le dé-ir de voir activer les travaux Maçonniques et en pleine éance il renouvelle ses remerciements à transmettre au ∴ Arbib par son mandataire f∴ Grasso car ceci prouve ¡u'à juste raison il|l'a proposé au Gr∴M∴ pour son Ier Gr∴ M∴ adjoint. Que l'on ne reproche point du tout l'absence lu f∴ Arbib et que tout en respectant les devoirs qu'à eus à remplir le f∴ Arbib, le f∴ Sakakini ne pouvait aussi de son chef décider ce qui appartient de droit à décider par le Gr∴ M∴ et que les convocations ont été faites par décision du Gr∴ M∴, dont les ordres ont été respectés.

Une planche du T∴ C∴ F∴ Benjamin Arbib 1er Gr∴M∴ Adjoint et adressée au Tr∴ Ill∴ P∴ F∴ Grand **M**aitre concernant le même sujet et la même question dont le f∴ Grasso a eu mandat.

Lecture en est donnée.

Le f∴ Orateur après consultation des ff... présents dé-clare l'incident clos déjà sur cet argument et d'autant plus que la teneur de cette planche est sur le même point soulevée par le f∴ mandataire F. Grasso.

L'incident est clos.

Avant de procéder à l'installation, le président donne lecture de l'art. 54 et demande aux ff∴ présents si l'ins-tallation du Gr∴ M∴ devrait avoir lieu ce soir, que cette décision devrait être avec l'adhésion du Grand Maitre.

Les ff∴ décident de procéder d'autant plus que cette cérémonie a été convoquée régulièrement et que les travaux sont ouverts avec le nombre de ff∴ requis par le règlement et au délà.

Ouï les conclusions du f∴ Orateur le Président invite le f∴ M∴ des Cér∴ de se transporter au parvis du Temple pour s'assurer de la présence du Grand Maitre.

Le f∴ M∴ des Cér∴ rentre dans le Temple dans la forme voulue et reglementaire et informe que le Tr∴ Ill∴ P∴ Gr∴ M∴ F∴ Idris Bey Ragheb, Gand Maître élu et proclamé, est présent.

Le Président charge le T∴ Ill∴ F∴ Bourbon de diriger le ffr∴ pour aller au devant du Grand Maitre et sa reception pour l'introduction dans le Temple.

Le f∴ Couvreur externe bat à la porte du Temple.

Le President est informé par le Tr∴ Ill∴ F∴ 2ᵉ Surv∴ et le premier Surv∴ que le T∴ Ill∴ et T∴ P∴ F∴ Idris Bey Ragheb est à l'entrée du Temple.

Les portes du Temple sont ouvertes à deux battants.

Les 1ᵉʳ et 2ᵉ Surv∴ à la batterie du Maillet et les ff∴ à l'ordre.

Le Grand Maitre entre dans le temple accompagné des étoiles règlementaires et des ff∴ délégués, précédé par le Tr∴ Ill∴ F∴ Arthur Leone Stone qui porte la bible et la dépose sur l'autel des serments.

Le Président descendu de l'Orient, le maillet et la glaive de la présidence en main, reçoit le Grand Maitre lequel est très sensible à l'accueil fraternel des ff∴ présents et lesquels, même si non en grand nombre, son entrée dans le temple démontre ses sentiments de modestie et que son cœur se porte sur le but visé et le bien de la Maçonnerie.

Après avoir procédé à l'art. 21 et les paroles éloquents du Tr∴ Ill∴ F∴ Président prononcés au T∴ Ill∴ et P∴ Grand Maitre le maillet et la glaive de la Présidence e

Gr∴ Maitrise du Grand Orient National d'Egypte lui sont présentés et remis conformément aux règlements.

Le Grand Maitre monte à l'Orient accompagné du Président qui se place à sa droite.

Les ff∴ à l'ordre, le Grand Secretaire donne lecture 1e de l'abdication du f∴ Oddi en faveur du Tr∴Ill∴ et Tr∴ Puis∴ Grand Maitre qui est déja Gr∴ Hérophante à date du dècret, 15 Février, 1903.

2º Des décrets dont les charges et nominations des Membres composant le Grand Orient National figurant dans le cadre Constitutif imprimé à la suite de la même circulaire de la convocation à cette même séance et qui est le relevé extrait du Régistre decrêt du Très Ill∴ et Puiss∴ Grand Maitre et dont les copies extraites dûment revetues de la signature du Grand Secretaire et cachet de l'ordre ont été signifiés et notifiés à tous les membres individullement.

Le Président invite les f∴ 1er et 2e Surv∴ à repeter sur les respectives colonnes aux fins que les ff∴ n'en ignorent.

De reconnaitre, d'obéir, de respecter le Gr∴ Maître élu et proclamé, installé et ayant tous les pouvoirs, droits et prérogatives à lui conférés par les statuts et de faire tous les efforts de l'aider dans cette noble tache pour le bien de l'ordre et surtout dans la Maçonnerie en Egypte.

Le 1er et 2me Surv∴ repètent sur leurs respectives colonnes que le T∴ Ill∴ P∴ F∴ Idris Bey Ragheb élu et Proclamé en séance de l'assemblée générale du 6 Mai 1903 est installé avec tous les droits, privilèges, honneurs et les prérogatives Grand Hiérophante, Grand M∴ du Grand Orient d'Egypte.

Les ff∴ s'unissent à la triple batterie d'honneur pour le Grand Hiérophante Grand Maître.

Le Grand Hiérophante Grand Maître, le Tr∴ Ill∴ et Puiss F∴ Idris Bey Ragheb répond avec des sentiments fr∴ à l'accueil fait et les remercie tous ainsi, que les ff∴ du Grand Orient pour l'avoir élu et proclamé, installé Grand Maître; il fera tout ses efforts pour la prospérité de la maçonnerie en Egypte et il compte sur l'appui de tous les frères pour remplir cette tache de Grand M∴ pour le bien aussi de la noble institution universelle.

Le f∴ Grand Orateur prononce un éloquent discours pour la nouvelle ère de prospérité de notre maçonnerie en Egypte.

Le f∴ Gabriel Cheboub est écouté avec attention et les ff∴ sont émus à son exposé.

Le Tr∴ Ill∴ F∴ Cesare Eminente invite les ff∴ à s'unir pour une triple batterie en honneur du Tr∴ Ill∴ et P∴ Grand Maître et ensuite au nom de tous les frères il remercie le Tr∴ Ill∴ et P∴ F∴ Joseph Sakakini qui a beaucoup fait pour le bien de l'ordre et demande aussi une triple batterie fraternelle.

Le Grand Maître ainsi que le T∴ Ill∴ F∴ Sakakini à leur tour renouvellent leurs remerciements à tous les frères.

Le f∴ Garofallo qui a été introduit dans le temple, passe à l'Orient et en conformité du décret il prend la charge de Grand Sécrétaire et chef du Grand Sécrétariat

Le f∴ G. Chéboub élu et qui est décreté Grand Orateur prend sa place séance tenante.

Le f∴ Grand Orateur propose de faire circuler le sac des propositions et le tronc de bienfaisance.

Le sac de propositions porte à l'ordre du jour une réunion du Conseil du Grand Maitre pour la proposition des Membres du Grand Collège des Rites.

Il déclare qu'une fois cloturée la séance de l'installat∴, de procéder, si le **Grand Maître** le décide, à ouvrir la séance du Conseil du Grand Maître, d'autant plus que le Grand Collège des Rites qui trouve bien dans les statuts et d'après un rapport du Tr∴ Ill∴ F∴ Sakakini et qui se trouve déposé auprès du Conseil réuni du Grand Maître le Grand Collège des Rites n'a jamais été bien organisé conformément aux prescriptions des règlements et statuts.

Le tronc de bienfaisance passe à l'Orient et porte Pt. 130 qui sont donnés en bienfaisance.

L'ordre du jour étant épuisé au sujet de l'Installation les travaux du Grand Orient sont cloturés suivant la forme.

Les ff∴ visiteurs et non membres du Grand Orient se retirent du Temple et au coup de maillet les travaux du Conseil du Grand Maître sont ouverts.

Le Grand Hiérophante Gr∴M∴ Président propose qu'il soit procédé conformément à l'art. 179, et à levée de mains, aprouvé à l'unanimité

Pour le Collège des Rites :

Le Grand Hiérophante Grand Maître Souv∴ et Gr∴ Comm∴ Idris Bey Ragheb.

Benjamin Arbib, 1ᵉʳ Gr∴M∴ adj∴ 1ʳ Lieut∴ Gr∴ Com∴

Ahmed Zuhni, 2ᵉ   „   2ᵉ „   „

Les membres proposés et admis conformément à l'art. 179 sont :—

Michel Bey Saleh
Peter Rudolph
Narciso Dalli
Sallusto Ciuti
Abd El Aziz Farid
David Halifi

Abdel Khalek el Zourkani
Riccardo de Boehme
Munib Abbas
Adolphe Argy
Hassan Husni
Denis Mengola
Athanase Garafallo
Benjamin Aghion

Après avoir terminé cette élection et que le Grand Hiérophante Grand Maître Président a approuvé de nommer et conférer les titres et qualités de Membres actifs du Grand Collège des Rites.

Le Grand Hiérophante Grand Maitre charge le Grand Sécrétaire de lancer les circulaires pour les pouvoirs Maçonniques de deux hémisphéres ainsi qu'à toutes les Loges Atéliers de l'Obédience et de Puissances amies et alliées afin que le Monde Maçonnique soit à même de connaître ce nouveau évènement qui a pour but l'union et la prospérité de notre Institution dans la Vallée et le bien général

Le Tr∴ Ill∴ et Puiss∴ Grand Hiérophante Gr∴ Maitre est de nouveau acclamé par une autre triple batterie.

Les travaux sont complètement terminés pour la séance et cloturés suivants les règlements et prescriptions.

Les ff∴ avant de se retirer se promettent d'être zèles et assidus et de travailler pour le bien de l'ordre.

Rédigé et approuvé en séance à relire à la première tenue.

Vu et approuvé

(Signé) Le Gr∴ Hiér∴ Gr∴ M∴ Président,

IDRIS

<table>
<tr><td>

Le Grand Sécrétaire,
Chef du Secretariat,
(Signé) A. GAROFALLO.

</td><td>

Le Grand Orateur,
(Signé) A. CHELOUB

</td></tr>
</table>

Séance du 15 Septembre, 1903.

———

Réunion au Local Maçonnique dépendant du Grand Orient de France à Alexandrie.

———

Le travaux de l'assemblée Générale du Gr∴ Orient d'Egypte Sup∴ Cons∴ pour l'Egypte et ses dépendances sont ouverts, sous la Présidence du T∴ Ill∴ Fr∴ Idris Bey Ragheb, Grand Maître, Grand Hiérophante, et avec la Collaboration des frères dont les noms inscrits sur la feuille de présence, V. Salama, G. Cheboub, D. Halifi, J. Aboulafia, Filippo Grasso, J. Sakakini, Ath. C. Garofallo.

Lecture du procès-verbal de la précédente tenue en est donné et le procès-verbal a été adopté a l'una_nimité,

Le T∴ Ill∴ Fr∴ Gabriel Cheboub informe l'Assem-blée qu'il est chargéa par le fr∴ Michel Cheboub de l'excuser vue son impossibilité d'assister à la séance.

Les Tr∴ Ill∴ Fr∴ Peter Rudolph, Aghion ainsi que les Frères du Caire se sont faits excuser.

Lecture de l'Ordre du Jour est donnée, sur le quel le frère Grand Sécrétaire, fait remarquer une faute d'impression et qui doit être rectifiée comme suit: « Procedere ella rivista e modificazione dagli Art. 18 e 53 degli Statuti e 279 degli regolamenti Generali secondo l'art∴ 27» qui doit être rectifié «secondo l'art∴ 60 degli Statuti.»

Avant de proceder aux délibérations portés sur l'Ordre du Jour le Fr∴ D. Halifi demande la parole pour s'informer si dans la Constitution il existe un article précisant le nombre des frères devant composer l'Assemblée Générale du Grand Orient pour prendre une décision delibérative.

Après avoir dûment constaté dans la constitution qu'il n'y avait aucun article précisant la question du Fr∴ D. Halifi le Président repond que le seul article pouvant s'adopter à la question du Fr∴ D. Halifi est l'article 212 des Reglements Généraux de l'Ordre exigeant la présence du tiers du nombre des représentants des ateliers, or comme le Grand Orient n'a pas d'ateliers en activité car le seul qu'il possède est le chapitre Menés et que ce dernier est en sommeil le Président déclare, que le nombre présents des frères étant largement suffisant pour prendre une décision, et le Fr∴ Orateur coucluant favorablement à la proposition du T∴ Ilr∴ Grand Maître demande la mise aux voix de cette proposition.

Le Président met donc aux voix la proposition suivante Si les ff∴ présents étaient suffisants et compétents pour prendre une décision en Assemblée Générale.

Ce qui est fait à main levée et a pour resultat huit voix contre une.

Par conséquent le Président déclare, l'assemblée compétente pour prendre une décision sur la question.

On procède ensuite à la délibération sur le transfert du siège du Grand Orient d'Egypte Suprème Con∴ d'Egypte et ses dépendances de la ville d'Alexandrie à la ville du Caire.

La parole est accordée au frère Filippo Grasso qu'en fait la demande pour informer l'Assemblée qu'il serait préférable que le Grand Orient d'Egypte siègea au Caire aussi bien qu'à Alexandrie, pour six mois dans une ville et six mois dans l'autre.

Le frère Orateur Gabriel Cheboub fait rémarquer que le progrès qui a été fait en Egypte ces dernieres années est bien grand, et qu'à Alexandrie était dans le temps non seulement le plus important port mais aussi le Siège principal des tous les Consulats Généraux et toutes les Administrations, et que par suite, de l'importance des affaires tant politiques que commerciales tous ces sièges ont été transférés dans la Capitale et ne voit pas pour quelle raison et motif le siège du Grand Orient ne serait pas transféré au Caire et ne voyait pas non plns, le besoin d'avoir deux sièges, l'un à Alexandrie et l'autre au Caire.

Ce à quoi le frère Grasso reponds qu'il ne voulait pas deux sièges mais comme le Grand Orient pouvait dans l'avenir fonder des Loges à Alexandrie il serait aussi de la satisfaction des ces ateliers d'avoir une tenue du Grand Orient à Alexandrie.

Les conclusions du frère Orateur sont entendus et il propose le transfert du siège du Grand Orient en la ville du Caire, et en ajoutant à la fin de l'art. 18 des Statuts, les mots suivants: «toutefois le Grand Orient aura une tenue regulière pendant l'été à Alexandrie.» Cette proposition du frère Orateur est mise aux voix et est adoptée à l'unanimité par toute l'Assemblée.

La délibération est ensuite portée sur la deuxième partie de l'ordre du jour concernant la langue française, et les freres ne voyant aucun inconvenient a l'adoption de la langue française comme semi-officielle le frère Orateur conclu a l'adoption des deux langues francaises et italiennes comme semi-officielles.

Cette dernière proposition étant mise aux voix est adoptée à l'unanimité.

Le tronc de bienfaisance est mis en circulation et rapporte la somme de Pt. 27 y compris les oboles des frères Aghion, Peter Rudolph, Michel Cheboub, qui sont remises au frère Sakakini avec mission de le tranmettre au frère Peter Rudolph pour des œuvres de Bienfaisance.

Vu et approuvé
(Signé) Le Gr∴ Hiér∴ Gr∴ M∴ Président,
IDRIS

Le Grand Sécrétaire,
Chef du Secretariat,
(Signé) A. GAROFALLO.

Le Grand Orateur,
(Signé) A. CHELOUB

Je soussigné déclare donner ma démission de Grand Chancellier du Rite de Memphis, conformément à la Convention du 9 Décembre 1902, avec le f∴ Oddi, démission d'ores et déja acceptée par le Gr∴ Hiérophante actuel Très Ill∴ et Très Puissant Frère Idris Bey Ragheb.

Le Caire 16 Mars, 1904.

Signé   J. SAKAKINI.

A∴G∴D∴G∴A∴D∴U∴

Décret de Délégation

Nous Idris Bey Ragheb, Grand Maître Président du Grand Orient d'Egypte

Déléguons

Le Très Illustre et Très Puissant frère Benjamin Arbib, 96∴, notre premier Grand Maître Adjoint de Présider la tenue qui doit avoir lieu le 17 courant à Alexandrie à 10 h. 30 a.m. au Temple Maçonnique «Les Pyramides» et de procéder dans la séance, suivant l'art. 27 à l'élection des 30 Membres devant composer le Conseil du Grand Maître.

Fait en notre Cabinet le 16 Mai 1903.

Le Grand Maître,
(Signé)   IDRIS

Décret pour le Grand Secrétaire Chef du Sécrétariat.

A∴G∴D∴G∴A∴D∴U∴

Nous, Idris Bey Ragheb, Grand Maître Prés∴ du Grand Orient National d'Egypte.

Considérant les hautes qualités que possède le Très Illustre et Tr∴ Puiss∴ f∴ Athanase Garofallo, 96∴, démeurant au Caire.

Décrétons et avons Décrété

1° Le Très Illustre et Très Puissant frère Athanase Garofallo, 96∴ est nommé Grand Sécrétaire Chef du Grand Sécrétariat du Grand Orient.

2° Notre Grand Sécrétaire est chargé de la notification du présent Décret ainsi que de son exécution.

Fait en notre Cabinet aujourd'hui quinze du mois de Mai, 1903 E∴V∴ an de la V∴L∴ 0005904

Le Grand Maître,

(Signé) IDRIS

Décret approuvant les élections des 30 Membres devant composer le Conseil du Grand Maître (Art. 27).

A∴G∴D∴,G∴A∴D∴U∴

Nous, Idris Bey Ragheb, Grand Maitre, Président du Grand Orient National d'Egypte.

Vu que les élections des 30 Membres devant composer notre Conseil ont eu lieu le 17 Mai 1903 à Alexandrie dans le Temple Maçonn∴ (Les Pyramides et ce conformément aux Statuts.

Vu que la liste des ff∴ membres qui ont été élus nous a été remise par notre 1ʳ Grand Maitre Adjoint Benjamin Arbib, 96∴, qui a présidé la séance.

Approuvons, avons approuvé et décrétons le Conseil de trente membres devant compléter la composition de notre Conseil les ff∴ suivants :

Gabriel Cheloub,	admis à l'unanimité.		Alexandrie
Adolphe Argy	„	„	„
Joseph Aboulafia	„	„	„
Nathan Soussan	„	„	„
Léon Arthur Stone	„	„	„
Jacques Moïse Aghion	„	„	„
Nessim Moise Salama	„	„	„
Spiridione Spiro	„	„	„
Peter Rudolph	„	–	„
César Eminente	„	„	„
Mario Colucci	„	„	„
Isaac J. Hassan	„	„	„
Filippo Grasso	„	„	„
David Amar	„	„	„
Narciso Dalli	„	„	au Caire

Mario Dilberoglue	"	"	Alexandrie
Abramino Barda	"	"	"
Paul Oziol	"	"	du Caire
Hassan Husni Bey	"	"	"
Abdel Khalek-el-Zorkani		"	"
Amin Imam	"	"	"
Mohammed Kholoussi	"	"	"
Mohammed Bey Fauzl	"	"	"
Michel Bey Saleh	"	"	"
Abdel Baki Saleh	"	"	"
Youssef Ali	"	"	"
Mohammed Lamei	"	"	"
Metwelli Mohammed	"	"	"
Athanase Garofallo	"	k	"

En outre

Approuvons la proposition du 1er Grand Maître Adjoint pour les frères Ibrahim **L.** Charkawi et Marco Salama pour remplacer des membres qui, élus, pourraient être empêchés.

Notre Grand Secretaire est chargé de la notification du présent décret et de son exécution.

Fait en notre cabinet ce aujourd'hui vingt Mai 1903, E∴ V∴ an de V∴L∴. 0005903.

Le Grand Maitre,

(Signé)   IDRIS

No. 6

Décret du Comité des Finances.

A∴G∴D∴G∴A∴D∴U∴

Nous, Idris Bey Ragheb, Grand Maitre, Président du Grand Orient National d'Egypte.

Vu que nous voulons faire connaitre à tous les ff∴ Dignitaires, Membres du Grand Orient, la situation financière de l'ordre, et organiser les sections administratives et législatives pour l'intérêt général.

Avons décidé de former le Comité des Finances composé des Membres de notre Conseil et déja élus

Ce Comité des Finances devra s'occuper des modifications du présent :—

1. Etablir les comptes et situation financière du Grand Orient à partir de l'abdication de l'ex Gr∴ Hiér∴ Grand M∴ S. A. Zola, en faveur du Très Ill∴ et Très Puiss∴ fr∴ F.F. Oddi, ex Grand Hiér∴, qui a abdiqué en notre faveur le 15 Janvier 1903.

2. Etablir la situation financière du six Avril 1883 au 15 Février 1903.

3. De dresser un rapport projet qu'il croira dans l'interêt de l'ordre et sa prospérité.

4. de nous adresser le tout afin de statuer un Conseil.

Nous avons nommé et nommons les ff∴ suivants, membres du Comité des Finances lesquels devront se réunir sur la convocation de notre Grand Sécrétaire afin de nommer et élire d'entre eux leur président pour le Comité et nous en informer.

Notre Grand Sécrétaire est chargé de notifier le présent décret aux ff∴ élus et nommés pour le Comité des Finances.—

Gabriel Chéloub

Joseph Aboulafia

Jacques Moise Aghion

Mario Dilberoglue

Paul Oziol

Michel Chéloub

Youssef Aly

Amin Imam

Notre Grand Sécrétaire est chargé de la notification du présent décret et de son exécution.

Fait en notre cabinet aujourd'hui vingt et un du mois de Mai 1903, E∴V∴ an de V∴L∴ 0005903.

Le Grand Maitre,

(Signé)   IDRIS

No. 7

Décrèt de nomination de sept Gr∴, Dignit∴ nommés par le Gr∴ M∴.

———

A∴G∴D∴G∴A∴D∴U∴

———

Nous Idris Bey Ragheb, Grand Maître, Président du Grand Orient d'Egypte.

Vu les articles 25 et 27 des Statuts et les pouvoirs y accordés avons déja nommé par nos décrets N. 1, N. 2 notre premier Grand M∴ adjoint et ce conformément à l'art. 25 d'autre part suivant l'art. 72 les élections des membres devant composer notre Conseil ont eu lieu le 17 Mai 1903 approuvés par notre décret N° 5 en date du 20 Mai 1903, E∴V∴

Vu l'art. 26 des Statuts les droits prérogatives y mentionnés et accordés au Grand Maitre.

Décretons et avons Décreté

La création des sept Grands Dignitaires devant faire partie de notre Conseil et y avoir voix délibérative.

1. Avons déjà par notre décret N° 4 du 15 Mai 1903 nommé le Très Ill∴ fr∴ Athanase Garofallo, 96∴ Grand Sécrétaire, Chef du Grand Sécrétariat du Gr∴ Orient Confirmé.

Par le présent nommons et nommé—

1. Tr∴Ill∴F∴ Gabriel Chéloub, Grand Orateur
2.   „   Mohamed Bey Wahby, Orateur Adjoint
3.   „   Hassan Bey Kamel, Grand Aumonier
4.   „   Abderahman Hafez, Grand Garde des Sceaux

6. T∴Ill. F∴ Abdel Aziz Farid 1ʳ Grand Expert
6.   „   Ibrahim Charkaoui, 2ᵉ   „
7.   „   Ibrahim Chanan, G∴ M∴ des Cér∴

Notre Grand Sécrétaire est chargé de l'exécution du présent décret.

Fait et Rédigé dans notre Cabinet ce jour d'hui vingt aeux Mai 1903 E∴V∴ (an V∴L∴ 0005903).

Le Grand Maitre,
(Signé) IDRIS

No. 8

Décret, Compositions, Sections, Administratives et Législatives du Gr∴ O∴

A∴L∴, G∴ D∴ G∴ A∴ D∴ U∴

Nous, Idris Bey Ragheb, Grand Maitre Président du Grand Orient National d'Egypte.

Vu que par notre Décret N° 6 en date du 21 du mois de Mai, nous avons déja nommé et décreté les membres de la Commission des Finances que par le même décret nous avons décidé de former les sections administratives et législatives pour le bien et l'intèrêt général.

Par le Présent

Décretons et avons Décreté—

1

La Commission des affaires administratives composée des membres ci-après ff∴—

Benjamin Arbib, notre 1er Gr∴M∴ Adjoint

Ahmed Bey Zuhni,　　2me　　"　　"

Athanase Garofallo

Gabriel Cheloub

Mario Dilberoglue

Mohammed Bey Wahbi

Abdel Khalek el-Zorkani

Peter Rudolph

2

La Commission des relations extérieures—

ff∴ Michel Bey Saleh

Athanase Garofallo

Paul Oziol

Mohammed Bey Fauzi

Narciso Dalli

3

La Commission du Bullettin des Archives et de la Bibliothèque—

ff∴ Athanase Garofallo

Metwelli Mohammed

Abdelrahman Hafez

Amin Imam

Léon Arthur Stone

Nessim D. Salama

D. Ammar

Cesare Eminente

Nathan Soussan

Abramino Barda

Spiridione Spino

4

Comité du Contentieux, affaires judiciaires, projets et vœux—

ff∴ Benjamin Arbib

Mario Colucci

Gabriel Cheloub

Filippo Grasso

Mohammed Lamei

Youssef Aly

Adolphe Argy

Les Membres des dites Commissions auront à se réunir sur la convocation qui leur sera faite par le Grand Sécrétaire afin d'élire chacun son Président lesquels après choix l'on nous remettra décision pour la bonne règle et confirmer par nous.

Chacun des Commissions à son mandat spécial.

1

La Commission des affaire administratives devra s'occuper de tout ce qui a trait à la fondation des Ateliers leur bonne marche, elle surveillera à ce que les Statuts de l'ordre soient respectés et strictement observés et qu'aucune dérogation ne soit faite aux règlements. Cette Commission devra s'occuper de tout ce qui est de l'intérêt de l'Ordre en général et nous fera un rapport avec toutes les annotations, vœux qu'elle croira remettre pour la prospérité de notre Institution.

2

La Commision des rélations extérieures devra s'occuper de la situation des rélations existantes avec les Puissances Maçonniques, de dresser un état de celles qui ont déjà lié des relations frat∴ et ont échangé et nommé les garants d'amitié et représentants.

Cette Commission est chargée de nous signaler les atéliers étrangers à notre ob∴ territoriale qui fonctionnent dans notre Vallée et de nous noter les concordats existants avec les Puissances Maçonn∴ à l'extérieur.

En outre de nous proposer par un projet ce qu'elle croira émettre dans l'intérêt de l'ordre pour étendre nos rélations frat∴ à l'extérieur et reserrer encore de plus nos liens avec les Puissances Maç∴ de faire les propositions qu'elle croira nécessaires pour la correspondance en général.

3

La Commission des bulletins des Archives, de la Bibliotèque devra s'occuper d'examiner—

1. Les archives, classer les correspondances, Puissance par Puissance; ainsi que classer les bullettins maçonniques; livrer le tout existant et dresser un état avec répertoire,

2. De surveiller à la rédaction du bulletin maç.·. et de soumettre à notre approbation avant d'en envoyer l'insertion et de se conformer aux règlements.

3. de classer la bibliotèque en bon ordre,

4. De nous soumettre un rapport avec toutes les annotations qu'elle croira émettre pour le bien des services.

4

La Commission du Contientieux affaires Judiciaires, projets et vœux aura à s'occuper de tout ce qui concerne les litiges entre les Atéliers de l'Obed.·. et dans le sein même des ateliers et de se tenir strictement aux statuts et règlements de l'ordre.

Cette Commission devra compulser les procès-verbaux, les statuts et les règlements, et nous présenter un rapport au sujet des anciens statuts, s'assurer s'il y a eu quelque modification et de nous soumettre toutes les annotations qu'elle croira emettre pour toutes les modifications qui pourraient être faites dans l'intérêt général et la prosperité de l'ordre.

Chaque Commission séparement aura à nous présenter son rapport avec toutes les annotations, modifications, projets, vœux à emettre et que chacune d'elle croira dans l'intérêt général afin que le tout soit soumis à notre Conseil.

Notre Grand Sécrétaire est chargé de la notification du présent décret à tous les membres nommés et à chaque section, et de surveiller à son exécution.

Fait et rédigé en notre Cabinet ce jour d'hui vingt deux du mois de Mai 1903 E∴V∴ (an de V∴L∴ 0005903).

Le Grand Maitre,

(Signé)   IDRIS